AF660590

This book primarily attempts to introduce to those whose mother tongue is not Hindi by the most natural and simplest method. It adopts the scientific approach, introducing alphabets, words, sentences in that order and application of these in the most common situations of daily life.

This book can also be helpful to foreigners who are on a visit to India as tourists, scholars, diplomats and businessmen as it would enable them to move about in different parts of the country, transcending the language barriers.

Language Series

Title	Price
Learn Hindi in 30 days through English	95.00
30 Din Main Angreji Seekhen Hindi Se	60.00
Learn Kannada in 30 days through English	60.00
Learn Tamil in 30 days through English	60.00
Learn Telugu in 30 days through English	60.00
Learn Malayalam in 30 days through English	60.00
Learn English in 30 days through Kannada	60.00
Learn English in 30 days through Tamil	60.00
Learn English in 30 days through Telugu	60.00
Learn English in 30 days through Malayalam	60.00
Learn English in 30 days through Gujarati	35.00
Learn English in 30 days through Assamese	35.00
Learn Assamese in 30 days through English	35.00

Dictionaries

Title	Price
Diamond Little English Dictionary	170.00
Diamond Pocket English Dictionary	110.00
Diamond English-English-Hindi Dictionary	250.00
Diamond Learners' English-English-Hindi Dictionary	180.00
Diamond Hindi-English Dictionary	250.00
Diamond Hindi-English Dictionary	110.00
Diamond Hindi Shabdakosh	250.00
Diamond Hindi Shabdakosh	100.00
Diamond Hindi Shabdakosh	60.00
Diamond Vyavaharik Hindi Shabdakosh	110.00
Diamond English-English-Hindi	95.00
Diamond Hindi-English Dictionary	95.00
Diamond Anglo-Assamese Pocket Dictionary (2 Colour)	60.00
Diamond Anglo-Assamese Pocket Dictionary	40.00
Diamond English-English-Hindi Dictionary	75.00
Diamond Hindi-English Dictionary (Student Edition)	50.00
Diamond Hindi Dictionary (Student Edition)	40.00

Diamond Pocket Books Pvt. Ltd.

X-30, Okhla Industrial Area, Phase-II, New Delhi-110020,
Ph.No.-011-41611861, Fax: 011-41611866
E-mail : Sales@diamondpublication.com, Website : www.dpb.in

30 दिन में हिंदी सीखें

Learn Hindi in 30 Days

कुसुम वीर
मोहर सिंह दोहरे

डायमंड बुक्स

ISBN : 81-288-1444-3

प्रकाशक : डायमंड पॉकेट बुक्स प्रा. लि.
X-30, ओखला इंडस्ट्रियल एरिया, फेज-2,
नई दिल्ली-110020
फोन : 011-41611861
फैक्स : 011-41611866
E-mail : sales@diamondpublication.com
Website : www.dbp.in

वर्ष : 2026

टाइप सैटिंग : आर. एस. प्रिंट्स, नई दिल्ली-49

Learn Hindi in 30 Days
by Kusum Vir, Mohar Singh Dohare

भूमिका

आज विश्व बड़ी तेजी से सिमटता जा रहा है। वैश्वीकरण की आंधी में प्रतिपल गतिवान होती सूचना प्रौद्योगिकी ने समूचे विश्व को एक मणिमाला के रूप में पिरो दिया है। अब समय और स्थान की दूरियां समाप्तप्राय: हो चली हैं। आज विश्व के किसी भी एक छोर पर बैठा व्यक्ति, इंटरनेट के माध्यम से दूसरे छोर पर बैठे व्यक्ति से विचारों का आदान-प्रदान कर सकने में समर्थ है। इससे न केवल वैज्ञानिक और व्यापारिक क्षेत्रों में एक उछाल आया है, अपितु विश्व की विभिन्न सामासिक संस्कृतियों की विविधता में भी एकता देखने को मिलने लगी है।

भारत प्राचीन काल से ही अध्यात्म, ज्ञान एवं विश्व व्यापार का प्रमुख केंद्र रहा है। प्राचीन काल से ही विभिन्न देशों से लोग भारत के बारे में जानने को उत्सुक रहे हैं और उन्होंने यहां की भाषाएं सीख कर भारतीय संस्कृति का गहन अध्ययन किया है। भारत की एक प्रमुख भाषा हिंदी सिर्फ भारत में ही नहीं बल्कि विश्व के कई देशों में बहुतायत से बोली व समझी जाती हैं, जैसे मारीशस, सूरीनाम, त्रिनिडाड, फिजी, गुयाना, दक्षिण अफ्रीका, म्यांमार, नेपाल, थाइलैंड, ब्रिटेन और अमरीका आदि देशों में आज हिंदी बोलने वाले तथा भारतीय संस्कृति को मानने वाले लोग बहुत बड़ी संख्या में हैं। जनसंख्या के आधार पर आज विश्व में हिंदी बोलने वालों की संख्या सर्वाधिक है।

निर्विवाद रूप से हिंदी भारत की संपर्क भाषा है। भारत में मीडिया और फिल्मों में तो हिंदी को प्रमुख स्थान मिला ही है, दूरदर्शन के विदेशी चैनल भी अब अपना प्रसारण हिंदी में करने लगे हैं। भारत में बहुराष्ट्रीय कंपनियों के आगमन एवं उनके उत्पादों के प्रचार-प्रसार और पर्यटन की दृष्टि से आने वाले पर्यटकों के लिए भी हिंदी का ज्ञान होना परम आवश्यक है।

अतः यह अनुभव किया गया कि हिंदी न जानने वाले भारतीयों के साथ-साथ अंतरराष्ट्रीय व्यापार एवं पर्यटकों की सुविधा के लिए एक ऐसी पुस्तक तैयार की जाए जिससे वे थोड़े समय में सहजता से हिंदी का व्यावहारिक ज्ञान प्राप्त कर सकें और उनमें हिंदी बोलने, समझने, पढ़ने व लिखने की क्षमता विकसित हो सकें।

इस दिशा में यह पुस्तक हमारा छोटा सा प्रयास है। इस पुस्तक में हिंदी भाषा को सुरुचिपूर्ण तरीके से अति सरल एवं सहजपूर्ण ढंग से समझाने का प्रयास किया गया है, ताकि पाठक इसे आसानी से ग्रहण कर सकें। इस पुस्तक के माध्यम से कोई भी हिंदी न जानने वाला व्यक्ति केवल एक माह के अल्प समय में ही व्यावहारिक हिंदी सीख सकता है।

आशा है कि यह पुस्तक हिंदीतर भाषी एवं विदेशों में रहने वाले हिंदी के जिज्ञासुओं को हिंदी सिखाने में बहुत ही अहम भूमिका निभाएगी।

कुसुम वीर
मोहर सिंह दोहरे

नई दिल्ली
जनवरी, 2007

विषय सूची

पाठ 1

वर्णमाला

Alphabets

हिंदी वर्ण और उनका अंग्रेजी उच्चारण

English Pronounciation of Hindi Alphabets

स्वर (Vowels) (13)

अ	a	आ	aa
इ	i	ई	ee
उ	u	ऊ	oo
ऋ	ri		
ए	e	ऐ	ai
ओ	o	औ	au
अं	an	अः	aha

व्यंजन Consonant (39)

क	ka	ख	kha		
ग	ga	घ	gha	ङ	na
च	cha	छ	chha		
ज	ja	झ	jha	ञ	na
ट	Ta	ठ	tha		

ड	da	ढ	dha		
ड़	da	ढ़	dha	ण	na
त	ta	थ	tha		
द	da	ध	dha	न	na
प	pa	फ	pha		
ब	ba	भ	bha	म	ma
य	ya	र	ra		
ल	la	व	va		
श	sha	ष	sha	स	sa
ह	ha	क्ष	ksha	त्र	tra
ज्ञ	gya	श्र	shra		

लेखन अभ्यास

अ ....

आ ....

इ ....

ई ....

उ ....

ऊ ....

ऋ ....

ए ....

ऐ ....

ओ ....

औ ....

अं ....

अः ....

क ....

ख ....

ग ....

घ ....

ङ ....

च ....

छ ....

ज ....

झ ....

ञ ....

ट ....

ठ ....

ड ....

ढ ....

ड़ ....

ढ़ ....

ण ....

त ....

थ ....

द ....

ध ....

न ....

प ....

फ ....

ब ....

भ ....

म ....

य ....

र ....

ल ....

व ....

श ....

ष ....

स ....

ह ....

क्ष ....

त्र ....

ज्ञ ....

श्र ....

पाठ 2

व्यंजनों के उच्चारण स्थल

Consonant's Pronounciation

हमने हिंदी वर्णमाला में 13 स्वर व 39 व्यंजनों का पढ़ना और लिखना सीखा जिनका स्वरूप, वर्गीकरण व उच्चारण स्थल स्पष्ट हो गया होगा कि सभी स्वरों का उच्चारण जीभ के अग्र भाग से ही होता है किंतु व्यंजनों का उच्चारण मुख के विभिन्न भागों से होता है जिसका विवरण इस प्रकार है:

	अघोष unvoiced अल्प प्राण non-aspirated	अघोष unvoiced महाप्राण aspirated	सघोष voiced अल्प प्राण non-aspirated	सघोष voiced महाप्राण aspirated	सघोष voiced अनुनासिक Nasal
कंठ्य Gutlurals	क	ख	ग	घ	ङ
तालव्य Palatals	च	छ	ज	झ	ञ
मूर्धन्य Cerebrals	ट	ठ	ड/ड़	ढ/ढ़	ण
दंत्य Dentals	त	थ	द	ध	न

	अघोष unvoiced अल्प प्राण non-aspirated	अघोष unvoiced महाप्राण aspirated	सघोष voiced अल्प प्राण non-aspirated	सघोष voiced महाप्राण aspirated	सघोष voiced अनुनासिक Nasal
ओष्ठ्य labials	प	फ	ब	भ	म
अंतःस्थ व्यंजन/ अर्धस्वर Semi-vowels			य र ल व		
ऊष्म वर्ण usam letters	श ष स				
महाप्राण Aspirated				ह	
संयुक्त वर्ण Compound letters	क्ष त्र श्र		ज्ञ		

लेखन अभ्यास

पाठ 3

स्वरों का उच्चारण एवं लेखन

Reading and Writing Practice of Vowels

आ	....	....	....	come
आ	....	....	....	....
आ	....	....	....	....
आ	....	....	....	....

आओ	....	....	....	come
आओ	....	....	....	....
आओ	....	....	....	....
आओ	....	....	....	....

आइए	....	....	....	come
आइए	....	....	....	....
आइए	....	....	....	....
आइए	....	....	....	....

आई	....	....	....	came
आई	....	....	....	....
आई	....	....	....	....
आई	....	....	....	....

लेखन अभ्यास

....

....

....

....

....

....

....

....

....

....

....

....

पाठ 4

स्वर और उनकी मात्राएं

Vowels and their Matras

व्यंजनों पर मात्राएं एवं अंग्रेजी उच्चारण

अ	इसकी मात्रा नहीं है	क	ka
आ	ा	का	kaa
इ	ि	कि	ki
ई	ी	की	kee
उ	ु	कु	ku
ऊ	ू	कू	koo
ऋ	ृ	कृ	kri
ए	े	के	ke
ऐ	ै	कै	kai
ओ	ो	को	ko
औ	ौ	कौ	kau
अं	ं (अनुस्वार भी कहते हैं)	कं	kan
अः	ः (विसर्ग भी कहते हैं)	कः	kaha

नोट : अन्य व्यंजनों पर मात्राएं अगले पाठ में बताई गई हैं।

पाठ 5

व्यंजनों पर मात्राओं का प्रयोग

Use of Matras on Consonants

क का कि की कु कू के कै को कौ कं कः कृ

ख खा खि खी खु खू खे खै खो खौ खं खः

ग गा गि गी गु गू गे गै गो गौ गं गः गृ

घ घा घि घी घु घू घे घै घो घौ घं घः घृ

च चा चि ची चु चू चे चै चो चौ चं चः

छ छा छि छी छु छू छे छै छो छौ छं छः

ज जा जि जी जु जू जे जै जो जौ जं जः

झ झा झि झी झु झू झे झै झो झौ झं झः

ट टा टि टी टु टू टे टै टो टौ टं टः

ठ ठा ठि ठी ठु ठू ठे ठै ठो ठौ ठं ठः

ड डा डि डी डु डू डे डै डो डौ डं डः

ढ ढा ढि ढी ढु ढू ढे ढै ढो ढौ ढं ढः

त ता ति ती तु तू ते तै तो तौ तं तः

थ था थि थी थु थू थे थै थो थौ थं थः

द दा दि दी दु दू दे दै दो दौ दं दः

ध धा धि धी धु धू धे धै धो धौ धं धः धृ

न ना नि नी नु नू ने नै नो नौ नं नः नृ

प पा पि पी पु पू पे पै पो पौ पं पः पृ

फ फा फि फी फु फू फे फै फो फौ फं फः

ब बा बि बी बु बू बे बै बो बौ बं बः बृ

भ भा भि भी भु भू भे भै भो भौ भं भः भृ

म मा मि मी मु मू मे मै मो मौ मं मः मृ

य या यि यी यु यू ये यै यो यौ यं यः

र रा रि री रु रू रे रै रो रौ रं रः

ल ला लि ली लु लू ले लै लो लौ लं लः लृ

व वा वि वी वु वू वे वै वो वौ वं वः वृ

श शा शि शी शु शू शे शै शो शौ शं शः शृ

ष षा षि षी षु षू षे षै षो षौ षं षः

स सा सि सी सु सू से सै सो सौ सं सः सृ

ह हा हि ही हु हू हे है हो हौ हं हः हृ

क्ष क्षा क्षि क्षी क्षु क्षू क्षे क्षै क्षो क्षौ क्षं क्षः

त्र त्रा त्रि त्री त्रु त्रू त्रे त्रै त्रो त्रौ त्रं त्रः

ज्ञ ज्ञा ज्ञि ज्ञी ज्ञु ज्ञू ज्ञे ज्ञै ज्ञो ज्ञौ ज्ञं ज्ञः

लेखन अभ्यास

पाठ 6

शब्द बनाना और उनका उच्चारण

Word Making and Their Pronounciation

(1) बिना मात्रा वाले दो अक्षरों को मिलाकर बनने वाले शब्द

कल, जल, थल, झर, तन, मन, धन, घर, सर, पल, धड़, कर, हल, चल, तल

(2) बिना मात्रा वाले तीन अक्षरों को मिलाकर बनने वाले शब्द

अलख, कलश, गरल, छतर, टहल, तरल,

भरत, बचत, मटर, वचन, शहद, हवन

अधर, कपट, खरल, बदन, चमक, असम

(3) बिना मात्रा वाले चार अक्षरों को मिलाकर बनने वाले शब्द

कटहल, कलरव, गरदन, नटखट, मलमल

शरबत, सरगम, हलचल, कलकल, दलदल

धड़कन, झटपट, करवट, हलधर

आ की मात्रा वाले शब्द (आ - ा)

(i) दो शब्दों को मिलाकर बनने वाले शब्द

आम, खाना, घाटा, छाता, डाका, ढाल, दाना,
धान, धागा, भाड़ा, माता, याद, शाम, ज्ञान,
मान, दान, जान, शान।

(ii) तीन अक्षरों को मिलाकर बनने वाले शब्द

कागज, कारण, मानक, थमना, थकना, लड़का,
हमला, शासन, भारत, हमारा, महान, थकान,
दवात, मकान, जहाज, तालाब, आगरा, पटना।

(iii) चार अक्षरों को मिलाकर बनने वाले शब्द

कारगर, तापमान, छरहरा, दरबार, समाचार, सराहना,
जकड़ना, धड़कना, पकड़ना, गरपना, खड़कना, सदाचार,
दरवाजा, कारागार।

लेखन अभ्यास

....

....

....

....

....

....

इ की मात्रा वाले शब्द (इ - ि)

(i) दो अक्षरों को मिलाकर बनने वाले शब्द

किला, कवि, छवि, दिशा, निशा, भिक्षा, मित्र, रवि, विदा, शिक्षा, मिला, दिल, विष

(ii) तीन अक्षरों को मिलाकर बनने वाले शब्द

किधर, खिलना, गिनना, निशान, मालिक, किसान, बिहार, कितना, विराम, सचिव, विहार, विराम, शिमला

(iii) चार अक्षरों को मिलाकर बनने वाले शब्द

किसलिए, झिलमिल, गिरगिट, विचलित, विधायक, विलक्षण, सितंबर, दिगंबर, शनिवार, खिसकना, दिसंबर, निरंतर, हिमाचल।

ई की मात्रा वाले शब्द (ई - ी)

(i) दो अक्षरों को मिलाकर बनने वाले शब्द

खीरा, जीरा, धीमा, दही, नीम, मीन, पीला, नीला, गीला, भीगा, शीशा, शाही, हीरा, मीरा, दीप, ठीक, काशी

(ii) तीन अक्षरों को मिलाकर बनने वाले शब्द

छतरी, छमाही, तीसरा, दीवान, दीपक, बगीचा, भीषण, मदारी, खिलाड़ी, हठीला, फुर्तीला, लकीर, मछली

(iii) चार अक्षरों को मिलाकर बनने वाले शब्द

जनवरी, बागवानी, राजनीति, बीरबल, हड़बड़ी, हथकड़ी,

भयभीत, भीड़भाड़, दीनानाथ, दीपावली, वाराणसी।

लेखन अभ्यास

....

....

....

....

....

....

उ की मात्रा वाले शब्द (उ - ु)

(i) दो अक्षरों को मिलाकर बनने वाले शब्द

खुल, कुल, गुल, खुर, गुट, गुड़, घुन, चुप, छुप

रुक, धुन, मधु, सुधा, सुख, मनु, शुभ, तुम

(ii) तीन अक्षरों को मिलाकर बनने वाले शब्द

खुदाई, गुलाब, चुटकी, चुनाव, जुलाई, दुकान, दयालु, भावुक, भिक्षुक, सुखद, मथुरा

(iii) चार अक्षरों को मिलाकर बनने वाले शब्द

कुरकुरा, खुरदरा, झुरमुट, ठुकराना, मुकरना, बुधवार, भुगतान, मुसीबत, गुजरात, जयपुर, मणिपुर, कानपुर

ऊ की मात्रा वाले शब्द (ऊ - ू)

(i) दो अक्षरों को मिलाकर बनने वाले शब्द

खूब, दूब, धूम, चूक, चूड़ी, पूड़ी,

जून, दूर, धूल, फ़ूल, बूट, हूक

(ii) तीन अक्षरों को मिलाकर बनने वाले शब्द

गूलर, घूमना, झूलना, दूसरा, फूलना,

भूषण, मूरख, रूठना, रूपक, जूझना, सूरत

(iii) चार अक्षरों को मिलाकर बनने वाले शब्द

अवधूत, आभूषण, खरबूजा, तरबूज,

राजदूत, लूटपाट, सूझबूझ

लेखन अभ्यास

....

....

....

....

....

....

....

....

पाठ 7

मात्राओं से शब्द बनाना

Words with Syllable

ए की मात्रा वाले शब्द (ए - े)

(i) दो अक्षरों को मिलाकर बनने वाले शब्द

बेर, केला, केश, तेल, जेल, मेल, मेला,

शेर, धेला, रेल, लेना, शेष, तेज, सेवा

(ii) तीन अक्षरों को मिलाकर बनने वाले शब्द

अनेक, रूपेश, दिनेश, महेश, बसेरा,

देवता, मेहता, सुरेश, सबेरा, रमेश, केरल

(iii) चार अक्षरों को मिलाकर बनने वाले शब्द

दावेदार, देशवासी, देवालय, निदेशक, भरपेट,

सेनापति, लेनदेन, थानेदार, देवाशीष, दानेदार, मेघालय, बाड़मेर,

अजमेर।

ऐ की मात्रा वाले शब्द (ऐ - ै)

(i) दो अक्षरों को मिलाकर बनने वाले शब्द

कैसा, खैर, चैन, पैसा, फैला, बैर

भैया, मैया, रैली, शैली।

(ii) तीन अक्षरों को मिलाकर बनने वाले शब्द

कैलाश, कसैला, दैनिक, नैतिक, रवैया

शैशव, सवैया, हैरत, सैयद

(iii) चार अक्षरों को मिलाकर बनने वाले शब्द

मटमैला, मैकेनिक, नगालैंड, मैनेजर

लेखन अभ्यास

....

....

....

....

....

....

ओ की मात्रा वाले शब्द (ओ - ो)

(i) दो अक्षरों को मिलाकर बनने वाले शब्द

कोप, कोरा, खोल, घोल, तोता, धोखा, फोटो

योग, मोह, रोग, लोप, तोप, सोम, क्षोभ, जोर

तोड़, मोड़, मोर

(ii) तीन अक्षरों को मिलाकर बनने वाले शब्द

कोमल, क़ोयल, गोमती, जोड़ना, ठोकर, बोतल,

मोड़ना, रोशनी, लोचन, सोचना

(iii) चार अक्षरों को मिलाकर बनने वाले शब्द

कोमलता, भोजपुरी, मिज़ोरम, रोजगार,

सोमवार, जोरहाट

औ की मात्रा वाले शब्द (औ - ौ)

(i) दो अक्षरों को मिलाकर बनने वाले शब्द

कौआ, गौर, और, पौत्र, बौर

मौन, मौका, शौक, सौर

(ii) तीन अक्षरों को मिलाकर बनने वाले शब्द

कौशल, कौरव, चौखट, नौकर, भौतिक

मौलिक, रौनक

(iii) चार अक्षरों को मिलाकर बनने वाले शब्द

मौलिकता, भौतिकता, पौबारह, रौनकता

लेखन अभ्यास

....

....

....

....

....

....

अं (अनुस्वार) की मात्रा वाले शब्द (अं - ं)

(i) दो अक्षरों को मिलाकर बनने वाले शब्द

अंत, अंश, कंस, कंधा, खंड, गंध

दंड, बंद, मंत्री, शांत, संत, सायं

(ii) तीन अक्षरों को मिलाकर बनने वाले शब्द

अंगूर, अंधेरा, कंपन, कुंदन, चंदन,

पतंग, बंगला, मंदिर, संशय, संवाद

(iii) चार अक्षरों को मिलाकर बनने वाले शब्द

अंधकार, खंडहर, तटबंध, परंपरा, रोमांचक

संकलन, संतुलन, संसदीय, सिकंदर, सुंदरता, झारखंड

(iv) पांच अक्षरों को मिलाकर बनने वाले शब्द

पारंपरिक, पोरबंदर, बंदरगाह, सौरमंडल

अः (विसर्ग) की मात्रा वाले शब्द (अः - ः)

(i) दो अक्षरों को मिलाकर बनने वाले शब्द

अतः, प्रायः, प्रातः, स्वतः

(ii) तीन अक्षरों को मिलाकर बनने वाले शब्द

दुःखद, क्रमशः, फलतः, अंततः

(iii) चार अक्षरों को मिलाकर बनने वाले शब्द

अंतःपुर, सारांशतः, निष्कर्षतः

लेखन अभ्यास

....

....

....

....

....

....

चँद्रबिंदु के प्रयोग से बनने वाले शब्द (ँ)

(Chandrabindu is added to indicate nasalication of a vowel)

(i) दो अक्षरों को मिलाकर बनने वाले शब्द

आँख, आँच, खाँसी, चाँदी, साँसी, फाँसी

(ii) तीन अक्षरों को मिलाकर बनने वाले शब्द

काँपना, कुँवर, चाँदनी, साँभर, हँसना

(iii) चार अक्षरों को मिलाकर बनने वाले शब्द

महँगाई, कँपकपी, सँवारना

ऋ के प्रयोग से बनने वाले शब्द (ऋ - ृ)

(i) दो अक्षरों को मिलाकर बनने वाले शब्द

कृपा, कृषि, गृह, घृणा, तृण, नृप, भृगु, मृग

(ii) तीन अक्षरों को मिलाकर बनने वाले शब्द

कृपया, कृषक, गृहिणी, कृपण

(iii) चार व पाँच अक्षरों को मिलाकर बनने वाले शब्द

तृणमूल, मृगशिरा, कृशकाय, मृगनयनी

लेखन अभ्यास

पाठ 8

अर्धाक्षर

Half Letters

अर्धाक्षर (Half-letters) दो बार लिखें

क	पक्का	....	....
ख	ख्याति	....	....
ग	ग्लानि	....	....
घ	विघ्न	....	....
च	बच्चा	....	....
छ्	उच्छ्वास	....	....
ज	छज्जा	....	....
झ का आधा रूप नहीं बनता		....	....
ट्	टट्टू	....	....
ठ्	पाठ्य	....	....
ड्	गड्ढा	....	....
त	पत्ता	....	....
थ	तथ्य	....	....
द्	बुद्धि	....	....

न् अन्न ....

प् प्यास ....

फ् दफ़्तर ....

ब् शब्द ....

भ् अभ्यास ....

म् अम्मा ....

य् शय्या ....

र कार्य ....

र राष्ट्र ....

र प्रकाश ....

ल् मल्लाह ....

व् व्यवहार ....

श् अश्व ....

ष् नष्ट ....

स् स्याह ....

ह् चिह्न ....

क्ष् लक्ष्य ....

त्र् त्र्यंवक ....

ज्ञ का आधा रूप नहीं बनता ....

श्र का आधा रूप नहीं बनता ....

लेखन अभ्यास

पाठ 9

शब्दकोशों के अनुसार वर्णक्रम

Serial Numbers of Alphabets as per Dictionaries

स्वर	अं	अँ	अः	अ	आ	इ	ई	उ	ऊ
	ऋ	ए	ऐ	ओ	औ				
व्यंजन	क	क्ष	ख	ग	घ		ङ		
	च	छ	ज	ज्ञ	झ		ञ		
	ट	ठ	ड	ड़	ढ	ढ़	ण		
	त	त्र	थ	द	ध		न		
	प	फ	ब	भ	म				
	य	र	ल	व					
	श	श्र	ष	स	ह				

नोट अ ख झ ण ध एवं भ

के पूर्व रूप नीचे दिए गए हैं। परंतु मानक वर्तनी के कारण अब पुराने रूप प्रचलन में नहीं हैं।

अ ख झ रा ध भ

आगत स्वर ऑ डॉक्टर, लॉन, डॉन

लेखन अभ्यास

पाठ 10

संयुक्ताक्षर

Joint Conjuncts

संयुक्ताक्षर या संयुक्त अक्षर (Joint conjuncts) : The halant can cause the adjoining consonants to assume a separate conjunct shape.

द्वार = द् + वा + र

शुद्ध = शु + द् + ध

विद्या = वि + द् + या

पत्ता = पत् + ता

ट और ड के साथ र का स्वरूप ् होगा

राकार Rakar : when ् is followed by a 'र'

a Rakar ^ gets formed.

ड्रम = ड् + र + म ड्रामा = ड् + रा+ मा

ट्रक = ट् + र + क राष्ट्र = रा + ष्ट्र

(क) यदि अर्धाक्षर बाद पूर्ण 'र' आ रहा हो तो अर्धाक्षर को पूर्ण रूप में लिखकर '/' चिह्न द्वारा 'र' दर्शाया जाता है।

The Rakar can have a single left word stroke alongwith many consonants:

(1) ग्राम = ग् + रा + म

(2) प्रकार = प् + र + का + र

(3) द्रव्य = द् + र + व्य

(4) क्रम = क् + र + म

(ख) जिस अक्षर के पहले उच्चारण 'र' हो तो उस अक्षर पर ' ̊ ' रेफ चिह्न लगाया जाता है।

रेफ Raph: when 'र' is followed by a '\' a Raph ' ̊ ' Gets formed

(1) सर्दी = स + र् + दी

(2) दर्शक = द + र् + श + क

(3) कुर्सी = कु + र् + सी

(4) पर्यटन = प + र् + य + ट + न

(ग) यदि दो वर्णों के मध्य कोई अर्धाक्षर हो तो अगले पूर्ण अक्षर पर ही ' ̊ ' रेफ चिह्न लगाया जाता है, जैसे - हर्क्युलिस, कर्फ्यू, वर्क्स, पुनर्स्थापित, स्पोर्ट्स आदि

लेखन अभ्यास

....

....

....

....

....

पाठ 11

पढ़ने और लिखने का अभ्यास

Reading and Writing Practice

कलम -----------	ठाकुर-----------	याक -----------
किताब -----------	डोली -----------	रावण -----------
कीमत -----------	ढोलक -----------	लड्डू -----------
खरगोश -----------	वाण -----------	बर्तन -----------
गमला -----------	तकली -----------	शरबत -----------
गिलास -----------	थाली -----------	षठकोण --------
घाट -----------	दवात -----------	सड़क -----------
चाकू -----------	धनुष -----------	हल -----------
छतरी -----------	नाना -----------	हार -----------
जल -----------	पतंग -----------	क्षत्रिय -----------
जाल -----------	साफ -----------	त्रिशूल -----------
झूला -----------	बतख -----------	यज्ञ -----------
बेटा -----------	भारत -----------	ज्ञान -----------
बेटी -----------	माता -----------	श्रीमान -----------

अंग्रेजी शब्दों को हिंदी में लिखें
Write Hindi words in English

Kamal	______________	Pani	______________
Gopal	______________	Phal	______________
Gharwar	______________	Bakri	______________
Anch	______________	Bhara	______________
Chhata	______________	Mata	______________
Jahaj	______________	Yatri	______________
Jhari	______________	Bharat	______________
Tomatar	______________	Rath	______________
Thal	______________	Lakir	______________
Dahi	______________	Vahan	______________
Dharti	______________	Shahi	______________
Natak	______________	Sathi	______________
		Harish	______________

पढ़ने और लिखने का अभ्यास
Reading and writing practice

भरत	----------------	जामुन	----------------
भारत	----------------	जलज	----------------
भीतर	----------------	ममता	----------------
कमल	----------------	माया	----------------

कागज	---------------	छाया	---------------
कीमत	---------------	छतरी	---------------
छत	---------------	रीतना	---------------
छाया	---------------	भीतर	---------------
कमला	---------------	जीतना	---------------
गमला	---------------	भागना	---------------
घपला	---------------	हारना	---------------
लायक	---------------	हिरन	---------------
भावुक	---------------	शेर	---------------

पढ़ने और लिखने का अभ्यास
Reading and writing practice

अमरीका	---------------	रामायण	---------------
अमरीकन	---------------	महाभारत	---------------
चीन	---------------	बैंगन	---------------
चीनी	---------------	लौकी	---------------
रूस	---------------	सब्जी	---------------
रूसी	---------------	सरकारी	---------------
लाल	---------------	तरकारी	---------------
पीला	---------------	तोरई	---------------
हरा	---------------	पालक	---------------

नीला	---------------	मिर्ची	---------------
जामुनी	---------------	लहसुन	---------------
काला	---------------	प्याज	---------------
कमरा	---------------	आलू	---------------
कमरे	---------------	टमाटर	---------------

कुछ प्रसिद्ध शहरों के नाम
Name of some famous cities

1.	दिल्ली	Delhi
2.	मुंबई	Mumbai
3.	कोलकाता	Kolkata
4.	चैन्नई	Chennai
5.	बैंगलूर	Bangalore
6.	हैदराबाद	Hyderabad
7.	अहमदाबाद	Ahmedabad
8.	पुणे	Pune
9.	कानपुर	Kanpur
10.	लखनऊ	Lucknow
11.	नागपुर	Nagpur
12.	चंडीगढ़	Chandigarh

लेखन अभ्यास

पाठ 12

वाक्य बनाना सीखें

Sentence Formation

हिंदी के वाक्य बनाना सीखें

Learn to make Hindi Sentences

1. यह किताब है।	This is a book.
2. यह कॉपी है।	This is a copy.
3. यह मेज है।	This is a table.
4. यह कुर्सी है।	This is a chair.
5. यह लड़का है।	This is a boy.
6. यह लड़की है।	This is a girl.
7. यह कुत्ता है।	This is a dog.
8. यह बिल्ली है।	This is a cat.
9. यह मुर्गी है।	This is a hen.
10. यह साइकिल है।	This is a cycle.
11. यह कंप्यूटर है।	This is a computer.

स्थानापत्ति अभ्यास

Substitution Drill

किताब	यह किताब है	वह किताब है
मेज	यह मेज है	वह मेज है
कलम	---------------	---------------

कुर्सी ---------------- ----------------

कंप्यूटर ---------------- ----------------

साइकिल ---------------- ----------------

स्कूटर ---------------- ----------------

लड़का ---------------- ----------------

लड़की ---------------- ----------------

खिड़की ---------------- ----------------

अलमारी ---------------- ----------------

स्थानापत्ति अभ्यास
Substitution Drill

यह कमरा है। उदाहरण : वह कमरा है

यह साइकिल है। ----------------

यह बस है। ----------------

यह पेड़ है। ----------------

यह आम है। ----------------

यह संतरा है। ----------------

यह सेब है। ----------------

यह बंदर है। ----------------

यह मोर है। ----------------

यह चिड़िया है। ----------------

यह केला है। ----------------

स्थानापत्ति अभ्यास

Substitution Drill

यह Pen है।	यह कलम है।
Book	___________
Mango	___________
Orange	___________
Peacock	___________
Bird	___________
Banana	___________
Tree	___________
Apple	___________
Bus	___________
Monkey	___________

स्थानापत्ति अभ्यास

Substitution Drill

क्या यह किताब है।	हाँ, यह किताब है।
पेड़	---------------
साइकिल	---------------
संतरा	---------------
आम	---------------
क्या यह आम है?	यह आंम नहीं संतरा है।
केला	

मेज

कुर्सी

खिड़की

"नहीं" आने पर सहायक क्रिया छोड़ दी जाती है जैसा कि ऊपर के वाक्य में 'है' को छोड़ दिया गया है।

Note: an auxiliary verb is dropped after 'नहीं' in the above sentence.

नीचे लिखे वाक्यों का अंग्रेजी में अनुवाद कीजिए:

Translate the following sentences into English

1. यह सेब है। ....
2. यह आम है। ....
3. यह मेज है। ....
4. यह कलम है। ....
5. यह पैन है। ....
6. यह केला है। ....
7. यह संतरा है। ....
8. यह कुर्सी है। ....
9. यह किताब है। ....
10. यह खिड़की है। ....

Translate the following sentences into Hindi

नीचे लिखे वाक्यों का हिंदी में अनुवाद कीजिए:

1. What is that? ....
2. Is this a pen? ....
3. Is that a Table? ....
4. Yes, this is a table ....
5. What is this? ....
6. Are these Hindi books?

   ....
7. It is a chair.. ....
8. Is that a room? ....
9. Yes, that is a room ....

पाठ 13

वचन

Numbers

एकवचन (Singular Number)	बहुवचन (Plural Number)

उत्तम पुरुष
First Person

मैं (I)	हम (We)
मैं हूँ(I am)	हम हैं (We are)

मध्यम पुरुष
Second Person

तू है (You are)	तू (Not use in plural)
तुम हो (You are)	तुम लोग हो (You are (all))
आप हैं	(You are (Respected singular))
	आप हैं (You are (respected plural))

अन्य पुरुष

Third person

यह (It/This)	ये (They/These)
यह है (It/This is)	ये है (They/These are)
वह (He/She)	वे (They/Those)
वह है (He/She/is)	वे हैं (They/Those are)

वर्तमान काल में वाक्य इस प्रकार प्रारंभ होता है

In present tense, the sentence starts like this:

मैं	....	हूँ
हम	....	हैं
तू	....	है
तुम	....	हो
आप	....	हैं
यह	....	है
ये	....	हैं
वह	....	है
वे	....	हैं
मैं	....	हूँ
तुम	....	हो
यह/वह	....	है।
हम/आप/ये/वे	....	हैं।

पाठ 14

लिंग

Gender

हिंदी में दो लिंग होते हैं : 1–पुल्लिग, 2–स्त्रीलिंग

There are only two Gender in Hindi:

1-Masculine, 2-Feminine

1. पुल्लिग : 'आ' अंत वाले प्रायः सभी शब्द पुल्लिग होते हैं।
   जैसे कमरा, रुपया, कपड़ा, गमला
   अपवाद–दवा, हवा, सजा, दुनिया, चिड़िया, प्रक्रिया, भाषा, माला, सभा।
2. 'ना' 'आव' 'पन' 'प' 'पा' से अंत होने वाली सभी भाववाचक संज्ञाएं पुल्लिग होती हैं।
   जैसे आना, जाना, गाना, बहाव, लड़कपन, बचपन, बुढ़ापा।
3. 'आन' से अंत होने वाली सभी क्रियावाचक संज्ञाएं पुल्लिग होती हैं : लगान, मिलान, खान–पान।
4. 'त्व' 'त्य' 'व्य' र्य से अंत होने वाली संज्ञाएं पुल्लिग होती हैं : मनुष्यत्व, नृत्य, कर्त्तव्य, माधुर्य।
5. 'आ' से अंत होने वाली प्रायः सभी संज्ञाएं पुल्लिग होती हैं : कंप्यूटर, टेलीफोन, मोबाइल, खेत, पेड़ आदि।
   अपवाद–किताब, कलम, दीवार।
6. सभी तरह के धातु संबंधी शब्द तथा आभूषण पुल्लिग हैं:

लोहा, सोना, हीरा, तांबा, झुमका।

अपवाद–चाँदी

7. सभी पेड़ों के नाम पुल्लिग हैं:

नीम, बबूल, कटहल, पीपल

अपवाद–इमली

8. अनाजों के नाम पुल्लिग हैं:

बाजरा, चावल, गेहूँ, तिल आदि

अपवाद–ज्वार, दाल, अरहर, मसूर, अलसी, सरसों, मूंग

9. सभी दिनों और महीनों के नाम पुल्लिग हैं:

दिन–रविवार, सोमवार, मंगलवार, बुधवार, गुरुवार, शुक्रवार, शनिवार

महीने–चैत्र, वैशाख, ज्येष्ठ, आषाढ़, श्रावण, भाद्रपद, आश्विन, कार्तिक, मार्गशीर्ष, पौष, माघ, फाल्गुन।

2. स्त्रीलिंग Feminine

1. प्राय: 'ई' से अंत होने वाले शब्द स्त्रीलिंग होते हैं:

जैसे–कुर्सी, गर्मी, चटनी, रोटी, मिर्ची, हल्दी आदि।

अपवाद–पानी, घी, दही, मोती, श्री।

2. 'इया' से अंत होने वाली संज्ञाएं स्त्रीलिंग होती हैं।

जैसे–खड़िया, पुड़िया, लठिया।

3. संस्कृत मूलक शब्द जो "आ" पर समाप्त होते हैं स्त्रीलिंग होते हैं :

जैसे-भाषा, शाला, प्रार्थना।

अपवाद-पिता, विधाता, कर्ता, दाता।

4. 'इ' पर अंत होने वाले शब्द भी स्त्रीलिंग हैं:
   जैसे-अग्नि, मूर्ति, रुचि आदि।
5. अरबी, फारसी के शब्द जो 'त' से अंत होते हैं स्त्रीलिंग हैं:
   जैसे-छत, बगावत, दावत, तबीयत, हालत आदि।
6. गुणवाचक शब्द या 'ता' 'वट' 'हट' 'ट' या 'त' पर अंत होने वाले शब्द भी स्त्रीलिंग होते हैं:
   जैसे-सुंदरता, थकावट, नम्रता, रुकावट, बनावट, बुनावट, बगावत आदि।
7. नदियों के नाम स्त्रीलिंग हैं:
   जैसे-यमुना, गंगा, नर्मदा, गोदावरी।
   अपवाद-सिंधु, ब्रह्मपुत्र, सोनभद्र
8. सभी देशों के नाम पुल्लिंग हैं जैसे-
   चीन, जापान, अमेरिका, रूस, भारत आदि।
   लंका का नाम स्त्रीलिंग था जिसे श्रीलंका करके पुल्लिंग बना दिया गया है।

पुल्लिग शब्दों को स्त्रीलिंग बनाने के नियम

Rules to change Masculine into Feminine.

(1) जीवित प्राणी जिनसे पुल्लिग स्त्रीलिंग का बोध होता है जैसे कुत्ता (पुल्लिग)
कुतिया (स्त्रीलिंग) घोड़ा (पुल्लिग) घोड़ी (स्त्रीलिंग)।

(2) 'अ' या 'आ' को 'ई' में बदलने से स्त्रीलिंग बनता है:-
जैसे बेटा-बेटी, दास-दासी, देव-देवी।

(3) पुल्लिग शब्दों में अंतिम 'अ' या 'आ' को इया बनाने से स्त्रीलिंग बनता है:
जैसे बंदर-बंदरिया, चूहा-चुहिया

(4) पुल्लिग शब्दों के अंत में आने वाले 'अ' या 'आ' के स्थान पर "इन" लगाने से
स्त्रीलिंग बनता है जैसे-
मालिक-मालकिन, जुलाहा-जुलाहिन

(5) पुल्लिग शब्दों के अंत में 'नी' 'आनी' लगाने से
स्त्रीलिंग बनता है जैसे-
शेर-शेरनी, हाथी-हथनी, सेठ-सेठानी।

(6) किसी वर्ग, स्तर या पदनाम को सूचित करने वाली संज्ञाओं के साथ "आइन" लगाने
से स्त्रीलिंग बनता है जैसे-
बाबू-बबुआइन, पंडित-पंडिताइन

(7) कुछ संज्ञाओं के पुल्लिग व स्त्रीलिंग शब्द बिल्कुल अलग-अलग हैं जैसे-

पति-पत्नी, गाय-बैल, भाई-बहन, राजा-रानी

(8) जिन शब्दों का बहुवचन बनाने पर बिंदी लगती है वे सब स्त्रीलिंग होते हैं-

इमारत - इमारतें, सड़क - सड़कें, भेड़ - भेड़ें

पाठ 15

काल

Tense

वर्तमान काल (Present Tense)

क्रिया के अंत में ता है, ती है, ते हो, ते हैं, ती हैं, ते हैं लगाने से वर्तमान काल प्रदर्शित होता है।

जैसे

पुंल्लिग (Masculine)	स्त्रीलिंग (Feminine)
मैं लिखता हूँ I write	मैं लिखती हूँ I write
हम लिखते हैं We write	हम लिखते हैं We write
तू लिखता है You write	तू लिखती है You write
तुम लिखते हो You write	तुम लिखती हो You write.
आप लिखते हैं। You write (Respected)	आप लिखती हैं। You write. (Respected)
वह लिखता है। He writes	वह लिखती है। She writes
वे लिखते हैं। They write	वे लिखती हैं। They write.

कर्ता के लिंग और वचन के अनुसार तात्कालिक वर्तमान काल में मूल क्रिया के साथ रहा, रहे, रही जोड़ते हैं। जैसे कि

अनिश्चित वर्तमान काल में ता, ती, ते को क्रमानुसार रहा, रही, रहे से बदल देते हैं। जैसे जाता हूँ, जा रहा हूँ तथा जाती हूँ जा रही हूँ में बदल जाता है।

In present continuous tense the root verbs are added with रहा, रहे, रही depending on the number and gender of the subject i.e. ता, ती, ते of present indefinite tense are replaced by रहा, रही, रहे respectively.

For e.g. जाता हूँ changes into जा रहा हूँ।

जाती हूँ changes into जा रही हूँ; and so on.

पाठ 16

भूतकाल

Past Tense

The past tense is formed by adding the suffix (या) to the Root Verb.

For example:-

वह आया - He came

There are five types of past tense. The following examples illustrate the various forms of past tense:

(1) **सामान्य भूतकाल** (simple past) - उसने फल खाया। He ate fruit.

(2) **पूर्ण भूतकाल** (Past perfect) उसने फल खाया था। He had eaten fruit.

(3) **आसन्न भूतकाल** (Present Perfect) उसने फल खाया है। He has eaten fruit.

(4) **अनिश्चित भूतकाल** (Uncertain past) उसने फल खाया होगा। He might has eaten fruit.

(5) **अपूर्ण भूतकाल** (Past continuous) वह खा रहा था। He was eating.

Formation of Past-Tense of some common intransitive verbs :

पुल्लिंग (Masculine Gender)			स्त्रीलिंग (Feminine Gender)	
आ	आया	आए	आई	आईं
जा	गया	गए	गई	गईं
चल	चला	चले	चली	चलीं
रह	रहा	रहे	रही	रहीं
पहुँच	पहुँचा	पहुँचे	पहुँची	पहुँचीं
ठहर	ठहरा	ठहरे	ठहरी	ठहरीं
हँस	हँसा	हँसे	हँसी	हँसीं
पढ़	पढ़ा	पढ़े	पढ़ी	पढ़ीं
खेल	खेला	खेले	खेली	खेलीं
सो	सोया	सोए	सोई	सोईं
चल	चला	चले	चली	चलीं

पाठ 17

भविष्य काल

Future Tense

The future tense in Hindi is formed by adding suffix ऊँगा, ऊँगी, एगा, एगी, ओगा, ओगी, एंगे, एंगी etc.

Masculine Singular

मैं बाजार जाऊँगा।

तू बाजार जाएगा।

तुम बाजार जाओगे।

आप बाजार जाएंगे।

वह बाजार जाएगा।

Feminine Singular

मैं बाजार जाऊँगी।

तू बाजार जाएगी।

तुम बाजार जाओगी।

आप बाजार जाएंगी।

वह बाजार जाएगी।

Masculine Plural

हम बाजार जाएंगे।

वे बाजार जाएंगे।

मैं जाऊँगा।

वे जाएंगे।

वह जाएगा।

तुम जाओगे।

आप जाएंगे।

Feminine Plusal

हम बाजार जाएंगे।

वे बाजार जाएंगी।

मैं जाऊँगी।

वे जाएंगी।

वह जाएगी।

तुम जाओगी।

आप जाएंगी।

Repetition Drill

	Masculine	Feminine
मैं कविता	लिखूँगा	लिखूँगी
मैं गेंद	खेलूँगा	खेलूँगी
हम गेंद	खेलेंगे	खेलेंगी
तू कविता	लिखेगा	लिखेगी
तुम गेंद	खेलोगे	खेलोगी
आप कविता	लिखेंगे	लिखेंगी
वे गेंद	खेलेंगे	खेलेंगी
वे कविता	लिखेंगे	लिखेंगी
वे अब दिल्ली में	रहेंगे	रहेंगी
मैं स्कूल में	पढ़ाऊँगा	पढ़ाऊंगी
आप सब स्कूल में	पढ़ाएंगे	पढ़ाएंगी
मैं अगले सप्ताह छुट्टी	जाऊंगा	जाऊंगी
हम अगले सप्ताह छुट्टी	जाएंगे	जाएंगी
तुम अगले सप्ताह छुट्टी	जाओगे	जाओगी
आप अगले सप्ताह छुट्टी	जाएंगे	जाएंगी
मैं किताब	पढूंगा	पढूंगी
हम किताब	पढ़ेंगे	पढ़ेंगी

तुम किताब	पढ़ोगे	पढ़ोगी
आप किताब	पढ़ेंगे	पढ़ेंगी
वे किताब	पढ़ेंगे	पढ़ेंगी

निम्नलिखित वाक्यों को वर्तमान काल से भविष्य काल में बदलिए

Change the following present tense into future tense:-

उदाहरण : मैं सुबह घूमने जाता हूँ। मैं सुबह घूमने जाऊँगा।

(1)शीला नाश्ता करती है। ....

(2)विवेक पढ़ने जाता है। ....

(3)अलका किताब पढ़ती है। ....

(4)मालती कपड़े धोती है। ....

(5)माताजी खाना बनाती हैं। ....

(6)वे शाम को बाजार जाते हैं। ....

(7)लड़के मैदान में खेलते हैं। ....

(8)नीता बच्चों को हिंदी पढ़ाती है। ....

(9)तुम सुबह कहाँ जाते हो? ....

(10) आप कहाँ काम करते हैं? ....

(11) लड़कियाँ स्वेटर बुनती हैं। ....

लेखन अभ्यास

पाठ 18

क्रिया का प्रयोग

Use of Verb

तू, तुम और आप के साथ क्रिया का प्रयोग

Use of Verb with three forms of 'You' list of some verbs commonly used in Hindi

तू	तुम	आप
पढ़ - read	पढ़ो	पढ़िए
लिख - write	लिखो	लिखिए
जा - go	जाओ	जाइए
खा - eat	खाओ	खाइए
रख - keep	रखो	रखिए
ठहर - wait	ठहरो	ठहरिए
दौड़ - run	दौड़ो	दौड़िए
भाग - run away/flee	भागो	भागिए
कमा - earn	कमाओ	कमाइए
भूल - forgot	भूलो	भूलिए
उड़ - fly	उड़ो	उड़िए
हंस - laugh	हँसो	हँसिए
रो - cry	रोओ	रोइए

सो - sleep	सोओ	सोइए
पहन - wear	पहनो	पहनिए
कूद - jump	कूदो	कूदिए
तैर - swim	तैरो	तैरिए
माँग - ask/demand	माँगो	माँगिए
चढ़ - climb	चढ़ो	चढ़िए
ढूँढ - search	ढूँढो	ढूँढिए
छुड़ा - release	छुड़ाओ	छुड़ाइए
गिन - count	गिनो	गिनिए
फेंक - throw	फेंको	फेंकिए
खींच - pull	खीचों	खींचिए
घूम - wonder/stoll	घूमो	घूमिए
पी - drink	पिओ	पीजिए

लेखन अभ्यास

....

....

....

....

....

पाठ 19

साधारण वाक्यों का मात्राओं सहित अभ्यास

Exercise with Matras of Simple Sentenses

अभ्यास-1

साधारण वाक्य (Simple Sentences)

कमल घर चल।

झटपट चल।

घर पर रह।

जल भर कर रख।

नल पर चल।

इधर उधर मत टहल।

शब्दार्थ (Meaning)

घर House

चल Go

जल Water

नल Water Pipe

टहल Walk

लिखने का अभ्यास

....

....

....

....

....

अभ्यास-2 आ व आ की मात्रा

सरला आम ला। ....

बाजार जाकर आम ला। ....

आम काटकर खा। ....

आम का पना बना। ....

आम का अचार ला। ....

अचार लाकर रख। ....

शब्दार्थ

आम Mango

ला Bring

बाजार Market

खा Eat

पना Juice of Mango

लिखने का अभ्यास

....

....

....

....

....

अभ्यास-3 इ व इ की मात्रा

राम इधर आ। ....

कमला घर से किताब ला। ....

किताब पढ़कर कागज पर लिख। ....

किताब का हर पाठ याद कर। ....

शब्दार्थ

किताब	Book
पढ़ना	Read
कागज	Paper
लिखना	Write

लिखने का अभ्यास

....

....

....

....

....

अभ्यास-4 ई व ई की मात्रा

गीता दीवाली पर घर आना। ....

दीपक जलाना। ....

बाजार से मिठाई भी लाना। ....

ईख का रस भी पीना। ....

शब्दार्थ

दीवाली	Festival of India
मिठाई	Sweets
ईख	Sugar Cane
रस	Juice

लिखने का अभ्यास

....

....

....

....

....

अभ्यास-5 उ व उ की मात्रा

कुदरत का काम बहुत निराला। ....

कहीं सुंदर-सुंदर वन। ....

कहीं पुष्पों की सुगंध। ....

कहीं तुच्छ कंटीले कांटे। ....

कहीं जुगनुओं की माया। ....

शब्दार्थ

सुंदर	beautiful	कांटे	thorne
वन	forest	तुच्छ	worthless
पुष्प	flower	कंटीले	thorny
जुगनू	firefly	माया	magic

लिखने का अभ्यास

....

....

....

....

....

अभ्यास-6 ऊ और ऊ की मात्रा

तरबूज, खरबूज मीठा मीठा। ....

अमरूद, शहतूत फीका फीका। ....

मुन्नू लाया जब अंगूर ....
फूफा बोले निकालो इनका जूस। ....

शब्दार्थ

आम	mango	अमरूद	guava
शहतूत	mulberry	फीका	watery
अंगूर	grapes	जूस	juice

लिखने का अभ्यास

....

....

....

....

....

अभ्यास-7 ए और ए की मात्रा

एक एक कर बच्चे आए। ....
सबने प्यारे खेल दिखाए। ....
प्यारे प्यारे गाना गाए। ....
गाना सुन कर सब मुस्काए। ....

शब्दार्थ

बच्चे Children   गाना Song

खुश Happy

लिखने का अभ्यास

....

....

....

....

....

....

....

....

....

....

....

....

....

....

....

पाठ 20

मात्राओं का अभ्यास

अभ्यास-8 ऐ और ऐ की मात्रा

कैसे-कैसे खेल निराले, ...

कुछ पैसों पर चैन गंवाते। ....

कुछ दर्द में नैन बहाते। ....

चैन कहाँ है दिन और रात। ....

शब्दार्थ

खेल Play   निराले Exceptional

लिखने का अभ्यास

....

....

....

....

....

अभ्यास-9 ओ और औ की मात्रा

काली कोयल बोल रही है ....

डाल–डाल पर डोल रही है ....
सोकर जागो भोर हुई है ....
काम पर भागो देर हुई है। ....

शब्दार्थ

कोयल cuckoo भोर morning
देर late

लिखने का अभ्यास

....

....

....

....

....

एक औरत दौड़ती आई। ....
औषधि दे दो डॉक्टर भाई। ....
गौ हमारी बीमार पड़ी है। ....
मौत सिरहाने उसकी खड़ी है। ....

शब्दार्थ

औरत	woman	दौड़ती	running
औषधि	medicine	मौत	death

लिखने का अभ्यास

....

....

....

....

....

अभ्यास-10 अं और अं की मात्रा

"अं" को अनुस्वार (Anuswar) भी कहते हैं क्योंकि अं की मात्रा अन्य स्वरों पर भी लगती है। जैसे अंगूर, आंशिक, इंगित, ईंधन आदि।

प्रत्येक वर्ग का अंतिम वर्ण भी अनुस्वार के रूप में प्रयुक्त होता है। जैसे दिनांक, चंचल, मंडल, बंधन तथा संपादक

लिखने का अभ्यास

....

....

....

....

....

'अः' को विसर्ग कहते हैं इसे भी स्वर की श्रेणी में नहीं रखा जाता जैसे-

अंततः, शब्दशः, प्रायः, प्रातः, निष्कर्षतः आदि

लिखने का अभ्यास

....

....

....

....

....

अभ्यास-11 ऋ व ऋ की मात्रा

कुछ वर्णों पर ऋ की मात्रा लगती है जैसे क ग घ त द न प व म आदि।

कृषि, गृह, घृणा, तृण, दृष्टि, नृप, पृथ्वी, वृत, मृग आदि।

लिखने का अभ्यास

....

....

....

....

पाठ 21

लगना, लगाना, सकना, चुकना व चाहना का प्रयोग

Uses of Lagna, Sakna, Chukna and Chahna

(क) लगना

(1)	लगना	He is my Grandfather	यह मेरे नाना लगते हैं।
(2)	भूख लगना	to feel hungry	मुझे भूख लगी है।
(3)	चोट लगना	to get injured	श्याम को खेलते समय चोट लग गई।
(4)	गोली लगना	to get wounded by Bullet	राघवन के गोली लग गई।
(5)	ठोकर लगना	to get hurt	माताजी को दरवाजे से ठोकर लग गई।
(6)	अच्छा लगना	to feel good	मेरे भाई को पहाड़ी जगह अच्छी लगती है।
(7)	मीठा लगना	to feel sweet	मेरी छोटी बहन को मीठा अच्छा लगता है।

(8) बुरा लगना	to feel bad	मोहन को रवि की बात बुरी लगी।
(9) काम में लगना	busy with work	अभी वह काम में लगा है।
(10) खाने लगना	to start eating	सरला खाना खाने लगी है।
(11) पढ़ने लगना	to start study	दिनेश की छोटी बहन स्कूल में पढ़ने लगी है।
(12) प्यास लगना	to feel thirst	उसे प्यास लगी है।

(ख) लगाना

(1) किनारे लगाना to reach the shore

रमेश ने तैरकर सुरेश को नदी के किनारे लगाया।

(2) कान लगाना to listen

वह भाषण सुनने में कान लगाए है।

(3) दरवाजा लगाना to close the door

मोहन ने दरवाजा लगाया।

(4) ढेर लगाना to make a heeb

जब पत्ते सड़ते हैं तब उन्हें ढेर लगाकर जलाते हैं।

(5) पौधा लगाना to plant

उसने एक कचनार का पौधा लगाया।

(ग) सकना 'सक'- can, able, ability

(1) मैं काम कर सकता हूँ। I can work

(2) तुम पढ़ सकते हो। You can Read

(3) आप लिख सकते हैं। You can wirte

(4) वे दौड़ सकते हैं। They can Run

(घ) चुकना, चुका Denote the completion of an action already taken place.

(1) मैं लिख चुका। I have written.

(2) वे खा चुके। They have eaten.

(3) वे काम पर जा चुके। They have gone to work.

(4) वे सो चुके। They have slept.

(5) वे नहा चुके। They have taken bath.

(ङ) चाहिए

The word "चाहिए" Expresses a desire or a need. When it comes in a sentence then, 'को' must be added to the subject, example.

(1) उनको क्या चाहिए? What do they want?

(2) उनको चाय चाहिए। They want tea.

(3) तुमको क्या चाहिए? What do you want?

(4) मुझको कलम चाहिए? I want a pen.

लिखने का अभ्यास

....

....

....

....

....

....

....

....

....

....

....

....

....

....

....

....

पाठ 22

अपना परिचय

Introduce Yourself

अपना परिचय कैसे दें

How to introduce Yourself

जीतू - हैलो! मेरा नाम जीतू है।

Hello! my name is Jitoo.

नीतू - हैलो! मैं नीतू हूँ।

Hello! I am Nitoo.

जीतू - मैं हैदराबाद में रहता हूँ।

I live in Hyderabad.

यहाँ दिल्ली घूमने आया हूँ।

Here I have come to see Delhi.

आप कहाँ रहती हैं।

Where do you live?

नीतू -मैं तो दिल्ली में ही रहती हूँ।

I live in Delhi

जीतू -मैं काल सेंटर में नौकरी करता हूँ।

I service in call centre.

क्या आप भी कहीं काम करती हैं?

Do you also work somewhere?

नीतू- हाँ, मैं स्कूल में पढ़ाती हूँ।
Yes, I teach in a school.

जीतू- मैंने एम. टेक तक शिक्षा पाई है।
I have passed M.Tech. examination.
आपने कहाँ तक शिक्षा पाई है?
What is your educational qualification?

नीतू- आपको दिल्ली कैसी लगी?
How do you like Delhi?

जीतू- दिल्ली मुझे बहुत पसंद आई।
I like Delhi very much.

जीतू- अच्छा, फिर मिलेंगे। नमस्ते!
Ok, see you again. Namaste!

नीतू- नमस्ते।
Namaste!

पढ़िए - Read

रवि - नमस्ते! मैं रवि हूँ।
Namaste! I am Ravi.

राकेश- नमस्ते! मैं राकेश हूँ।
Namaste! I am Rakesh.

रवि - मैं मुंबई से हूँ, और आप?

I am from Mumbai, and you?

राकेश - मैं दिल्ली से हूँ।

I am from Delhi.

अपने मित्र का अन्य व्यक्ति से परिचय कराना

Introducing your friend to other.

कमला- नेहा, यह मेरी सहेली विमला है।

Kamla - She is my friend Vimla.

विमला चेन्नै में रहती है।

Vimla lives in Chennai.

नेहा - नमस्ते विमला, आपसे मिलकर खुशी हुई।

Neha - Namaste! Vimla, Nice meeting you.

विमला -आपसे मिलकर मुझे भी खुशी हुई।

Vimla - Nice to meet you too.

लेखन अभ्यास

....

....

....

....

....

पाठ 23

खरीदारी

Shopping

दुकानदार ग्राहक से - आइये। मैं आपकी क्या मदद कर सकता हूँ।

Shopkeeper to the customer - Please come! May I help you!

ग्राहक - शौ केस में रखा हुआ वो हार क्या आप मुझे दिखा सकते हैं?

Customer - Could you show me that necklace?

दुकानदार - अवश्य। ये देखिए।

Shopkeper - Surely. See this.

ग्राहक - यह हार कितनी कीमत का है?

Customer - What is the price of this necklace.

दुकानदार - यह नेकलेस दस हजार रुपयों का है।

Shopkeeper - Price of this neclace is ten thousand rupees.

ग्राहक - यह तो महंगा है, कुछ कीमत कम कीजिए।

Customer - This is costly, reduce some price of this.

दुकानदार - ठीक है, मैं इस पर दस प्रतिशत की छूट देता हूँ।

आप इसे नौ हजार में ले सकती हैं।

Shopkeeper - O.K. I will grant you 10% rebate on this. You may buy this in nine thousand rupees.

ग्राहक – धन्यवाद! कृ. मुझे यह दे दीजिए।

Customer - Thank you. Please give me this.

(मौखिक अभ्यास)

स्थानापत्ति अभ्यास

(1) राम ने <u>किताब</u> खरीदी

(सब्जी, आम, फल, कलम, कॉपी)

(2) <u>राम</u> रोटी खाता है।

(राधा, वे आप, तुम,. श्रीमती दास)

(3) <u>विवेक</u> घूमने जाया करता था।

(मोहन, पिताजी, माताजी, भाई साहब, आप)

(4) राकेश आगरा <u>जाएगा</u>।

(गीता, लड़के, तुम, वे, आप)

(5) <u>उन्होंने</u> बाजार से एक हार खरीदा।

(माताजी, तुम, वह, कमला, श्याम)

बोध प्रश्न

(1) ग्राहक दुकानदार से क्या दिखाने को कहता है?

(2) दुकानदार हार की क्या कीमत बताता है?

(3) छूट देने पर हार कितने में तय हुआ?

(4) अंत में ग्राहक क्या कहता है?

नीचे दिए गए वाक्यों को उदाहरण के अनुसार बदलिए और उन्हें खाली स्थान पर लिखिए:

उदाहरण - ग्राहक हार खरीदता है।
ग्राहक ने हार खरीदा।

(1) राम बाजार जाता है। ....

(2) राधा रोटी खाती है। ....

(3) वह स्कूल जाता है। ....

(4) तुम बाजार जाते हो। ....

(5) पिता जी अखबार पढ़ते हैं। ....

पाठ 24

दैनिक कार्य

Routine Work

मालती : नमस्ते! आप कहाँ काम करती हैं?

अलका : नमस्ते! मैं रेल विभाग में काम करती हूँ। आप कहाँ काम करती हैं?

मालती : मैं आजकल दूरदर्शन में काम करती हूँ।

अलका : क्या आप वहाँ पर उद्घोषिका हैं?

मालती : आपने सही कहा मैं दूरदर्शन में उद्घोषिका हूँ। आप रेल विभाग में किस पद पर हैं?

अलका : मैं रेल विभाग में तकनीकी सहायक हूँ। मैं प्रायः कार्यालय बस से जाती हूँ; और आप?

मालती : मैं भी बस से कार्यालय जाती हूँ कभी-कभी स्कूटर से जाती हूँ।

अलका : अच्छा ठीक है। फिर मिलते हैं। नमस्ते!

मालती : नमस्ते।

शब्दार्थ

काम करना Do work दूरदर्शन Telivision

रेल विभाग Railway Department

मौखिक अभ्यास

बोध प्रश्न

(1)अलका किस विभाग में काम करती है?

(2)अलका किस पद पर कार्य करती है?

(3)मालती दूरदर्शन में किस पद पर है?

(4)अलका कार्यालय कैसे जाती है?

स्थानापत्ति अभ्यास

(1)आप कहाँ काम करते हैं? (काम करना)

रहना, पढ़ना, घूमना, नौकरी करना

(2)हम कभी-कभी फुटबॉल खेलते हैं।

(खो-खो, कबड्डी, वॉलीवाल, क्रिकेट)

(3)तुम कहाँ रहते हो?

(खेलना, पढ़ना, जाना)

(4)हम बस से कार्यालय जाते हैं।

(ऑटो, रेल, मिनी बस, स्कूटर, मोटर साइकिल)

(5)वह स्कूल में पढ़ती है?

(कॉलेज, मदरसा, आई.आई.टी., पोलीटेक्निक)

नमूने के अनुसार वाक्य बदलिए। खाली स्थान पर उन्हें लिखिए।

उदाहरण : मैं कार्यालय बस से जाता हूँ।

मैं कार्यालय बस से जाता था।

(1) वह स्कूल बस से जाता है। ....

(2) आप बाजार स्कूटर से जाते हैं। ....

(3) राधा स्कूल कार से जाती है। ....

(4) मोहन मंदिर ऑटो से जाता है। ....

(5) तुम स्कूल कैसे जाते हो? ....

लिखने का अभ्यास

....

....

....

....

....

....

....

....

....

....

....

....

....

पाठ 25

विवाह समारोह

Marriage Ceremony

मेरे मामा जी के लड़के वैभव का विवाह मई में होना तय हुआ है। भारत में उस समय गर्मी रहती है। हम लोग वैभव की शादी में जाएंगे। मई में स्कूल की छुट्टी रहेगी। शादी में मेरी छोटी बहन सरला भी जाएगी। माताजी व पिताजी भी जाएंगे। वहां हम लोग रेल से जाएंगे। रेल से जाने के बाद कुछ दूरी बस से तय करनी पड़ेगी क्योंकि मेरे मामा जी के गांव तक रेल नहीं जाती है। शादी में खूब मजा आएगा। वहां मिठाइयाँ, चाट-पकौड़े खाने को मिलेंगे तथा मेंहदी, हल्दी, संगीत आदि मनोरंजक कार्यक्रमों में भी हम भाग ले सकेंगे।

शब्दार्थ

गर्मियों	summer	माताजी	mother
विवाह	marriage	पिताजी	father
मामाजी	maternal uncle	बहन	sister

मौखिक अभ्यास

बोध प्रश्न

(1) लेखक किसकी शादी में जाएगा?

(2) मई में स्कूल की क्या रहेगी?

(3) शादी में कौन-कौन जाएगा?
(4) शादी में किस साधन से जाएंगे?
(5) शादी में क्या-क्या खाने को मिलेगा?
(6) शादी में कौन-कौन सी रस्में होंगी?

स्थानापत्ति अभ्यास

(1) शादी में रेल से जाएंगे।
(कार, बस, हवाई जहाज, स्कूटर)

(2) शादी में सरला भी जाएगी।
(कमला, रमेश, राकेश, वह, तुम)

(3) वहाँ गोल गप्पे खाएंगे।
(पूरी, कचौड़ी, समोसा, चाट, रसगुल्ले)

नमूने के अनुसार वाक्य बदलिए तथा खाली स्थानों पर लिखिएः-

उदाहरण सर्दियों में गरम पानी से नहाएंगे।
सर्दियों में गरम पानी से नहाना चाहिए।

(1) वह स्कूल बस से जाएगा।
(2) तुम शादी में रेल से जाओगे।
(3) पूजा मंदिर पैदल जाएगी।
(4) आप दूसरों की मदद करेंगे।
(5) माता जी खाना बनाएंगी।

सर्वनाम के साथ "को" का अभ्यास वैकल्पिक रहता है।

मैं + को - मुझे/मुझको

हम + को - हमें/हमको

तुम + को - तुम्हें/तुमको

आप + को - आपको

वह + को - उसे/उसको

वे + को - उन्हें/उनको

लेखन अभ्यास

....

....

....

....

....

....

....

....

....

....

....

....

पाठ 26

प्रदर्शनी

Exhibition

पिछले महीने हमारे शहर लखनऊ के रामलीला मैदान में प्रदर्शनी लगी थी। प्रदर्शनी में तरह-तरह की बिजली की सजावट की गई थी। प्रदर्शनी बहुत ही भव्य व आकर्षक थी। एक दिन मैं दोस्तों के साथ प्रदर्शनी देखने गया। प्रदर्शनी में तरह-तरह का सामान सस्ते दामों पर बेचा जा रहा था। अलग-अलग तरह के सामान के लिए अलग-अलग मंडप बने हुए थे। कहीं खिलौने, कहीं कपड़े तथा कहीं बर्तन, कहीं फर्नीचर, बिजली के सामान आदि के मंडप लगे थे।

मुझे प्रदर्शनी में कुछ रेडीमेड कपड़े खरीदने थे। मेरे दोस्त श्याम को भी एक जीन्स खरीदनी थी। दोनों कपड़े के मंडप में गए। हमने एक शर्ट व पैन्ट दिखाने को कहा। दुकानदार ने कपड़े दिखाए तथा उनकी कीमत पाँच सौ रुपए बताई। मोल भाव करके मैंने चार सौ रुपए में कपड़े खरीदे। मेरे दोस्त श्याम ने दो सौ रुपए की जीन्स खरीदी। बाद में एक चाय की दुकान पर जाकर चाय पी फिर घर को चल दिए।

शब्दार्थ

प्रदर्शनी exhibition मोलभाव bargaining

मंडप pavilion खरीदना purchase

मौखिक अभ्यास

बोध प्रश्न

(1) प्रदर्शनी कहाँ लगी थी?

(2) प्रदर्शनी कैसी थी?

(3) प्रदर्शनी में क्या-क्या बेचा जा रहा था?

(4) लेखक ने कपड़े के मंडप में क्या देखा?

(5) लेखक ने कितने रुपये में कपड़े खरीदे?

स्थानापत्ति अभ्यास

(1) मैंने प्रदर्शनी से कपड़े खरीदे।
(खिलौने, बर्तन, केले, सब्जी, मिठाई)

(2) विमला प्रदर्शनी में खिलौने देखने गई।
(खेल कूद का सामान, साड़ी, स्वेटर, शॉल)

(3) वे मेले से एक अलमारी लाए हैं।
(मैं, हम, आप, राधा, सीता)

(4) पिता जी कल चैन्नै गए हैं।
(पिछले सोमवार को, पिछले महीने, परसों)

(5) प्रदर्शनी में सामान सस्ता था।
(मेले में, बाजार में, कोलकाता में, हाट में)

उदाहरण के अनुसार वाक्य बदलिए तथा खाली स्थानों पर लिखिए:-

उदाहरण वह कल हैदराबाद से आया है।

वह कल हैदराबाद से नहीं आया था।

(1) वे दोनों आगरा गए हैं।

(2) कल्पना कल कोलकाता से लौटी है।

(3) श्री गुप्ता अजमेर गए हैं।

(4) वह कल जयपुर से आया है।

(5) पिताजी बाजार गए हैं।

लेखन अभ्यास

....

....

....

....

....

....

....

....

....

....

पाठ 27

हिंदी की गिनती

Hindi Countings

1 एक
2 दो
3 तीन
4 चार
5 पाँच
6 छह
7 सात
8 आठ
9 नौ
10 दस
11 ग्यारह
12 बारह
13 तेरह
14 चौदह
15 पंद्रह
16 सोलह
17 सत्रह
18 अठारह
19 उन्नीस
20 बीस
21 इक्कीस
22 बाईस
23 तेईस
24 चौबीस
25 पच्चीस
26 छब्बीस
27 सत्ताईस
28 अट्ठाईस
29 उन्तीस
30 तीस
31 इकत्तीस
32 बत्तीस
33 तैंतीस
34 चौंतीस

35 पैंतीस
36 छत्तीस
37 सैंतीस
38 अड़तीस
39 उनतालीस
40 चालीस
41 इक्तालीस
42 बयालीस
43 तैंतालीस
44 चवालीस
45 पैंतालीस
46 छियालीस
47 सैंतालीस
48 अड़तालीस
49 उनन्चास
50 पचास
51 इक्यावन
52 बावन
53 तिरपन
54 चौवन
55 पचपन

56 छप्पन
57 सत्तावन
58 अट्ठावन
59 उनसठ
60 साठ
61 इकसठ
62 बासठ
63 तिरेसठ
64 चौंसठ
65 पैंसठ
66 छियासठ
67 सड़सठ
68 अड़सठ
69 उनहत्तर
70 सत्तर
71 इकहत्तर
72 बहत्तर
73 तिहत्तर
74 चौहत्तर
75 पचहत्तर
76 छियत्तर

77	सतहत्तर	92	बानवे
78	अठहत्तर	93	तिरानवे
79	उन्यासी	94	चौरानवे
80	अस्सी	95	पंचानवे
81	इक्यासी	96	छियानवे
82	बयासी	97	सत्तानवे
83	तिरासी	98	अट्ठानवे
84	चौरासी	99	निन्यानवे
85	पचासी	100	सौ
86	छियासी	1,000	एक हजार
87	सत्तासी	10,000	दस हजार
88	अठासी	1,00,000	एक लाख
89	नवासी	10,000,00	दस लाख
90	नब्बे	1,00,00,000	एक करोड़
91	इक्यानवे	10,00,00,000	दस करोड़

पाठ 28

दिनों के नाम

Name of the Days

दिनों के नाम (Name of the days)

1. रविवार Sunday
2. सोमवार Monday
3. मंगलवार Tuesday
4. बुधवार Wednesday
5. गुरुवार या बृहस्पतिवार Thursday
6. शुक्रवार Friday
7. शनिवार Saturday

1. आज सोमवार है।
2. कल रविवार था।
3. परसों शनिवार था।
4. कल मंगलवार होगा।
5. परसों बुधवार होगा।

पाठ 29

महीनों के नाम

Name of the Months

महीनों के नाम (Name of the Months)	
चैत्र	मार्च
वैशाख	अप्रैल
जेठ	मई
आषाढ़	जून
श्रावण	जुलाई
भाद्रपद	अगस्त
आश्विन	सितंबर
कार्तिक	अक्तूबर
अगहन	नवंबर
पौष	दिसंबर
माघ	जनवरी
फाल्गुन	फरवरी
Bright fortnight	शुक्ल पक्ष
Dark fortnight	कृष्ण पक्ष

पाठ 30

गणितीय सूत्र

Mathematical Points

½ Generally in Hindi आधा is used to denote the half of any part.

आधा किलो आलू, आधा लीटर दूध, आधा किलोमीटर (दूरी), आधा मीटर कपड़ा।

in tune with the numbers that follow आधा is having three different forms.

1½ डेढ़, 2½ ढाई and 3½ and above साढ़े तीन, साढ़े चार etc.

डेढ़ गुना one and half times (in quantity)

डेढ़ बजे 1:30 a.m. and 1:30 p.m.

डेढ़ किलो 1½ Kilo

डेढ़ किलो / लीटर / मीटर / मील

ढाई 2½

ढाई बजे 2:30 a.m. and 2:30 p.m.

ढाई किलो / मीटर / लीटर / मील / रुपए

साढ़े is used for other numbers except 1 and 2.

साढ़े तीन 3½, साढ़े चार 4½, साढ़े पाँच 5½ and so on.

1½ and 2½ not साढ़े एक or साढ़े दो but डेढ़ and ढाई।

1/4 एक पाव

12:40 बजे 12:15 बजे (सवा बारह बजे)

12:30 बजे (साढ़े बारह बजे)

12:45 बजे (पौने एक बजे) 2:30 बजे (ढाई बजे)

3:30 बजे (साढ़े तीन बजे)

3:10 बजे (तीन बजकर 10 मिनट)

4:15 बजे (सवा चार बजे)

4:30 बजे (साढ़े चार बजे)

4:45 बजे (पौने पाँच बजे)

8:15 बजे (सवा आठ बजे)

8:30 बजे (साढ़े आठ बजे)

8:45 बजे (पौने नौ बजे)